노경실 선생님이 들려주는 가정생활 안전

노경실 선생님이 들려주는
가정생활 안전

ⓒ 2019 노경실

1판 1쇄 펴낸날 | 2019년 6월 14일
2판 1쇄 펴낸날 | 2024년 4월 30일

지은이 | 노경실
그린이 | 김미정
펴낸이 | 양승윤

펴낸곳 | (주)와이엘씨
출판등록 | 1987년 12월 8일 제1987-000005호
주소 | 서울특별시 강남구 강남대로 354 혜천빌딩 15층 (우)06242
전화 | 02-555-3200
팩스 | 02-552-0436
홈페이지 | www.aladinbook.co.kr

Home Life Safety
by Noh Kyeong-sil

Copyright ⓒ 2019 by Noh Kyeong-sil
Printed in KOREA

값 13,000원
ISBN 978-89-8401-725-2 74810
ISBN 978-89-8401-724-5 74810(세트)

알라딘 북스는 (주)와이엘씨의 아동 전문 출판 브랜드입니다.

① 품명 : 노경실 선생님이 들려주는 가정생활 안전
② 제조자명 : 알라딘북스
③ 주소 : 서울시 강남구 강남대로 354
④ 연락처 : 02-555-3200
⑤ 제조년월 : 2024년 4월
⑥ 제조국 : 대한민국
⑦ 사용연령 : 7세 이상
⑧ 취급상 주의사항
  • 종이에 베이지 않도록 하세요.
  • 책의 모서리가 날카로우니 던지거나 떨어뜨려 다치지 않도록 주의하세요.
⑨ KC마크는 이 제품이 공통안전기준에 적합하였음을 의미합니다.

노경실 선생님이 들려주는
가정생활 안전

글 노경실 | 그림 김미정

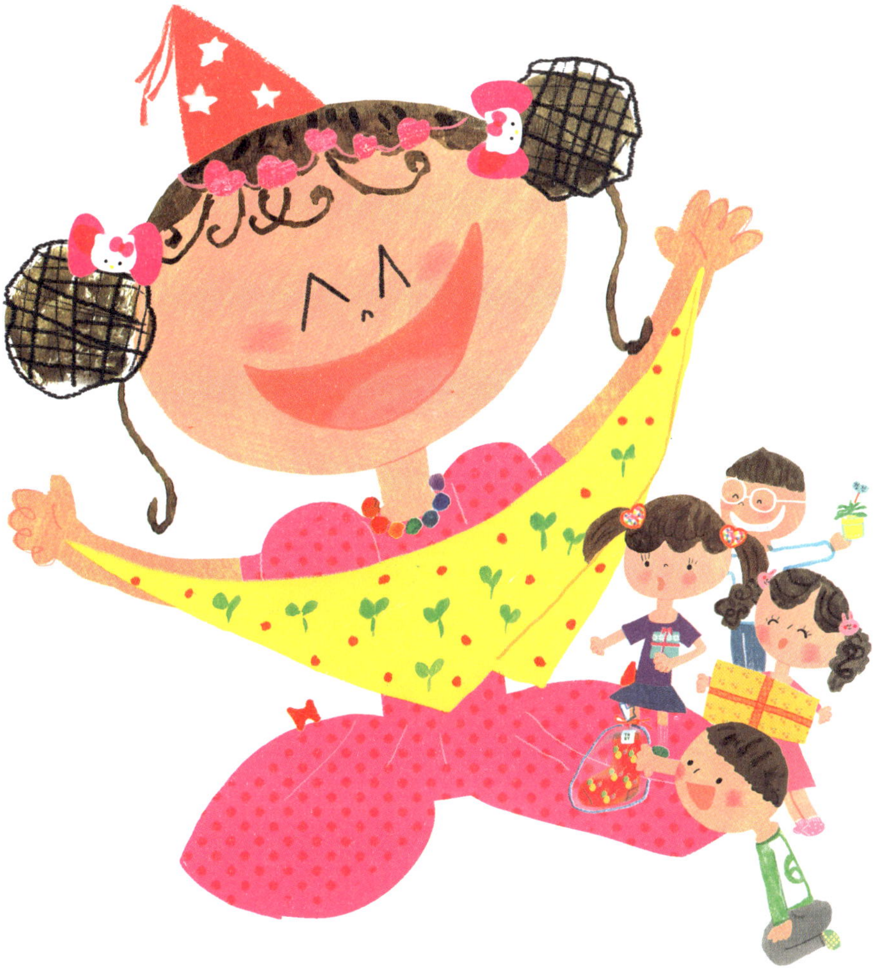

 **머리말**

안전한 생활이
안전한 미래를 만들어요!

　나의 어린 시절을 생각하면 지금은 말 그대로 꿈같은 세상입니다. 24시간 아무 때나 서로 얼굴을 보며 전화를 할 수 있지요. 궁금한 것이 있으면 손에 들고 있는 스마트 폰을 통해 바로바로 찾아볼 수도 있습니다. 먹고 싶은 것은 언제 어디서고 배달 서비스를 받을 수 있어요. 편리해진 우리의 생활을 다 이야기하자면 일주일도 넘게 걸릴지 모르겠어요. 그중에서도 가장 큰 변화는 아마도 인공지능일 거예요. 영화에서만 보던 로봇이 우리를 위해 일하는 세상이 되었으니까요.

　그런데 참 이상하지요? 날마다 새로운 기술, 첨단 제품들이 나오는데 왜 세상은 더 위험해지고 있는 것일까요? 아마 가장 큰 이유는 너무나 복잡해지고, 정신없이 빠르게 움직이는 사회 구조 때문일 거예요. 그러기에 지금 우리에게 안전한 환경을 만드는 것은 정말 중요합니다. 특히 어린이에게는 가정에서도, 학교에서도 안전 교육이 꼭 필요합니다. 안전은 '말'이나 '생각'만으로 되는 것이 아닙니다. '올바른 앎' 즉, 지식이 있어야 합니다. '아는 만큼 보고 아는 만큼 이해한다'는 속담을 기억하나요? 안전 문제도 마찬가지입니다. 아는 만큼 내 안전을 잘 지킬 수 있습니다. 책과 교육을 통해 정확하고 올바른 안전 지식을 가져야 합니다.

   나는 '어린이 안전 동화 시리즈'를 통해 어린이들에게 나를 안전하게 지키는 것은 나의 생명과 건강을 보호하는 것이며, 나의 멋진 미래를 가꾸는 첫걸음이라는 것을 알려 주고 싶습니다.

   그리고 이것이 바로 나를 사랑하는 이들에게 가장 큰 기쁨과 선물이라는 것을 잊지 않기를 바랍니다. 언제나 어린이들과 강아지들과 함께하는 나는, 이 책이 어린이들의 행복하고 안전한 생활의 든든한 친구이자 선생님이 되길 소망합니다.

2024년 햇살 눈부신 아침,
일산 흰돌마을에서

노경실

 차례

머리말 4

현관문과 초인종 안전
띵동띵동 초인종과 낯선 손님 9

부엌과 가전제품 안전
위험한 생일파티가 되어 버린 날 22

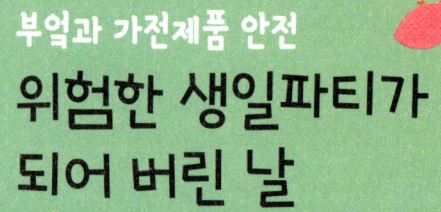

욕실과 화장실 안전
바닥이 미끌미끌 뜨거운 물이 콸콸! 34

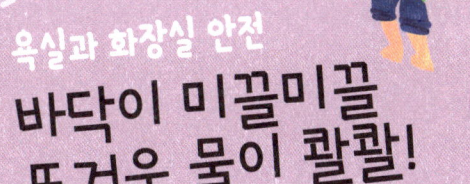

엘리베이터와 베란다 안전
엘리베이터에서 무슨 일이 일어났을까? 46

반려동물과 마트 안전
강아지는 멍멍멍! 카트가 빙그르르! 58

현관문과 초인종 안전

띵동띵동 초인종과 낯선 손님

    토요일, 아침 식사를 마치자마자 엄마와 아빠는 바쁘게 움직였습니다. 대전에 사는 아빠 친구가 결혼 7년 만에 낳은 아기의 돌잔치 날이거든요. 아빠 친구들이 축하하러 모두 모인다고 합니다.

    "서연아, 동생이랑 사이좋게 공부하고 놀아야 해. 그리고 저녁 때 이모가 와서 맛있는 거 사 준다고 했으니까 기대해."

    아빠의 말에 서연이 얼굴에 미소가 번졌습니다. 서연이는 자기 말이라면 뭐든 잘 들어주는 이모를 참 좋아합니다.

    "엄마, 오늘은 게임 두 시간 해도 되죠?"

인범이의 말에 엄마가 말했습니다.

"서연아, 인범이 숙제 다 하면 컴퓨터 켜 줘. 그리고 점심은 냉동실에 피자 사다 뒀으니까 데워서 먹고, 숙제랑 학습지랑……."

"엄마, 그만! 우리가 알아서 잘 할게요!"

인범이는 화장을 하는 엄마 입을 손으로 막았습니다.

"엄마, 인범이가 숙제 안 하고 텔레비전 보면 119에 신고할게요. 농담이에요!"

서연이가 장난스럽게 대답했습니다.

엄마와 아빠는 집을 나서면서 몇 번이나 주의를 주었습니다.

"이모는 우리 집 비밀번호를 알고 있으니까, 누가 와서 초인종을 눌러도 절대 문 열어 주면 안 돼. 알았지?"

"네!"

단둘이 있게 되자, 두 아이는 열심히 숙제를 했습니다. 서연이는 학교 행사에서 '유리 구두를 벗어 버린 신데렐라'라는 연극의 주인공 역을 맡았습니다. 대사를 잘 외워야 하기에 숙제부터 끝냈지요.

인범이는 게임을 하고 싶은 마음에 번개처럼 숙제를 마쳤습니다. 서연이는 인범이 숙제를 살피고는 거실에 있는 컴퓨터를 켜 주었습니다.

"지금부터 두 시간 뒤에 무조건 끌 거야."

"걱정 마!"

인범이는 말하는 순간부터 게임에 빠져들었습니다.

거실 소파에 앉아서 대사를 외우던 서연이는 중간중간 시계를 보았습니다. 이제 30분 남았습니다.

'인범이 게임 끝나면 피자 먹어야지.'

그때, 집 전화벨이 울렸습니다.

"여보세요? 네? 설문 조사요? 그게 뭐예요? 저는 초등학생이라서…… 부모님이요? 집에 안 계시는데……."

순간, 서연이는 '아차!' 했습니다. '낯선 전화가 오면 집에 어른이 없다는 말을 하지 말라'는 엄마의 말이 떠올랐기 때문입니다. 하지만 서연이는 전화를 끊지 못했습니다. 어른 전화를 함부로 끊으면 못된 아이라고 야단맞을 것 같아 망설였지요.

"부, 부모님…… 집에 계, 계세요……."

죄지은 사람처럼 서연이의 목소리가 떨렸습니다.

"네? 엄마 바꾸라고요?"

서연이는 금방이라도 울 것만 같았습니다.

그때였습니다. 서연이 손에서 수화기를 뺏은 인범이가 무서운 어른처럼 굵고 큰 소리로 말했습니다.

"내가 이 집 아빠입니다! 전화하지 마세요!"

그리고 '쾅!' 소리가 나게 수화기를 내려놓았습니다.

"인범아……."

서연이는 멍한 얼굴로 인범이를 보았습니다.

"누나, 왜 그랬어? 엄마, 아빠가 집에 없다고 하면 어떡해?"

"모르겠어…… 그냥 어른 목소리가 나니까 저절로 말이……."

서연이가 울먹였습니다.

"지난주에 전교생이 가정생활 안전 교육 받았잖아? 누나 졸았어?"

"아니……. 하지만 막상 전화를 받으니까……."

서연이는 아직도 가슴이 떨리는지 목소리까지 떨렸습니다. 그 모습을 보니 인범이는 누나를 '바보!'라고 놀리려던 마음이

싹 사라졌습니다.

"누나, 염려 마! 내가 있잖아!"

서연이는 동생에게 창피하기도 하고, 놀란 마음을 가라앉히러 자기 방에 들어갔습니다. 방에 들어가자마자 눈물이 터졌습니다. 서연이는 울음을 삼키며 다짐했습니다.

'다시는 이런 실수하지 않을 거야!'

조금 전 일은 까맣게 잊은 듯 두 아이는 피자를 맛있게 먹고, 텔레비전을 보다가 깜빡 잠이 들었습니다. 울었던 서연이는 조금 더 깊게 잠이 들었습니다. 조용한 거실에 텔레비전 소리만 가득했습니다.

시간이 얼마나 흘렀을까요.

"띵동! 띵동!"

인범이가 눈을 떴습니다.

"응? 누, 누구지?"

인터폰 화면에 양복을 입은 두 아저씨가 나타났습니다. 인범이는 눈을 부비며 인터폰으로 물었습니다.

"누구세요?"

"아빠 친군데 문 좀 열어 줄래?"

'이상하다. 처음 보는 아저씨들인데?'

인범이는 고개를 갸웃했습니다.

"어서 문 열어. 아저씨가 선물 사 왔어."

남자가 종이 상자를 들어 보였습니다.

"네, 잠깐만요……."

인범이가 열림 버튼을 누르려는데, 언제 일어났는지 서연이가 다가와 인터폰에 대고 말했습니다.

"지금 경비 아저씨가 올라오고 계시니까 선물은 경비 아저씨한테 맡겨 주세요."

그러자 두 남자가 서로를 바라보더니 후다닥 사라졌습니다.

서연이는 얼른 경비실에 전화를 해서 조금 전 일을 자세히 알렸습니다.

서연이와 인범이는 뛰는 가슴을 쓸어내리며 한동안 거실 바닥에 나란히 엎드려 있었습니다. 인범이가 먼저 입을 열었습니다.

"누나, 이번에는 누나가 날 구해 줬네? 아까 만약 나 혼자였

으면 어휴…….”
인범이는 고개를 절레절레 흔들었습니다.
"너 왜 문 열어 주려고 했어?"
"아빠 친구라고 하니까. 나쁜 사람 같아 보이지 않고…….”
인범이는 화난 얼굴로 벌떡 일어나 앉았습니다.
"그러니까 사람을 겉모습만 보고 판단하면 안 돼. 특히 낯선 사람은 항상 조심해야 해."
서연이도 일어났습니다.
"맞아. 어휴, 이것도 안전 교육 시간에 배웠는데…….”
인범이는 자기 머리를 손바닥으로 톡톡 때렸습니다.
그 모습을 보며 서연이가 말했습니다.
"괜찮아. 우린 오늘 같이 집을 지킨 독수리 남매잖아!"

안전이 최고야!

♥ 문제를 잘 보고 알맞은 곳에 스티커를 붙여 보세요.

1 집 현관문 비밀번호는 어떻게 관리해야 할까요?

㉮ 아무에게나 함부로 가르쳐 주지 않아요.

㉯ 친절하게 친구들이나 사람들에게 알려 줘요.

2 혼자 있을 때, 모르는 사람이 벨을 누르면 어떻게 하나요?

㉮ 문을 열지 않고, 급한 일이 있을 땐 경비실에 알려요.

㉯ 손님일지 모르니 문을 열고 나가 봐요.

3 집 열쇠를 사용할 때에는 어떻게 해야 하나요?

㉮ 옷 주머니나 가방 안에 잘 보관해요.

㉯ 손에 쥐거나 잘 보이는 데 달고 다녀요.

4 혼자 있는데 택배가 오면 어떻게 하나요?

㉮ 문을 활짝 열고 나가서 받아 와요.

㉯ 경비실에 맡기거나 현관 앞에 놓아 달라고 해요.

5 부모님이 없을 때, 급한 일이 생기면 어떻게 하나요?

㉮ 경비실에 연락하거나 부모님에게 전화해요.

㉯ 위험하지만 나 혼자 해결해요.

노경실 선생님의 '현관문과 초인종 안전' 이야기

무서운 일들이 자주 일어나는 요즈음, 어른 없이 어린이들이 집에 혼자 있을 때는 더욱 정신을 차려야 해요. 택배, 가스 점검, 설문 조사 등 낯선 사람이 초인종을 누를 때, 당황하지 말고 경비실에 알리거나 안에서 먼저 확인하세요. 만약 경비실이 없는 개인 주택이라면 응답을 하지 않는 게 안전해요. 엄마나 아빠에게 핸드폰으로 연락해서 어떻게 해야 하는지 물어보세요. 그리고 응급 시에는 112나 119 번호를 사용하세요.

정답 ① 나 에요 / ② 나 에요 / ③ 나 에요 / ④ 나 에요 / ⑤ 나 에요

부엌과 가전제품 안전

위험한 생일파티가 되어 버린 날

경진이는 아침에 눈을 뜨자마자 서둘러 침대에서 빠져나왔습니다. 오늘 점심 때, 친구들을 초대해서 생일파티를 하기로 했거든요.

"엄마! 오늘 생일파티 준비 잘 되어 가죠?"

화장실로 가던 경진이가 부엌에서 분주히 움직이는 엄마를 보고 물었습니다.

"우리 딸 생일인데 당연하지! 모두 열 명 온다고 했지? 엄마가 식사랑 간식 준비랑 다 해놓고 나갈 테니까 친구들이랑 좋은 시간 보내. 너무 요란하게 놀거나 위험한 장난은 절대 안 돼, 알았지?"

"엄마, 오늘 외할머니한테 꼭 가야 해요?"

"어쩔 수가 없어. 할머니가 아프시잖아."

"알았어요."

경진이는 병원에 입원한 할머니를 생각하며 고개를 끄덕였습니다.

엄마가 외출을 하고 오후 12시가 되자, 친구들이 하나둘 경진이 집에 모였습니다. 친구들이 저마다 정성껏 준비한 선물들을 경진이에게 건넸습니다.

"경진아, 생일 축하해!"

"고마워!"

귀여운 캐릭터가 그려진 양말들, 반짝반짝 빛이 나는 분홍색 외출용 가방, 목에도 두르고 손수건으로도 사용할 수 있는 노란 스카프, 재미있는 동화책, 새로 나온 캐릭터 비타민 세트, 열 명이 먹고도 남을 정도로 큰 딸기 치즈 케이크 등 모두 경진이가 좋아하고, 갖고 싶어 했던 것들이었습니다.

"이 케이크는 우리 엄마가 직접 만든 거야!"

케이크를 준비한 승민이가 뽐내듯 말했습니다.

"와, 정말 예쁘다. 고마워!"

한바탕 선물 잔치를 마친 아이들은 거실에 놓여 있는 탁자에 음식을 차리기 시작했습니다. 탁자는 깔끔하게 하얀 종이로 덮여 있었습니다.

"우리끼리 하니까 소꿉장난하는 것 같아!"

"히히, 나는 엄마가 돼서 진짜 살림하는 것 같아."

탁자 가득 음식들이 놓이고, 한가운데 경진이의 생일 케이크가 올려졌습니다.

"촛불 켜자!"

아이들은 베란다 커튼까지 내렸습니다. 그러자 한낮인데도 어두컴컴했습니다.

승민이가 기다란 성냥개비를 긋자, 작지만 환한 불이 피어올랐습니다. 첫 번째 초에 불을 붙이자, 옆에 있던 주미가 나섰습니다.

"우리 돌아가면서 초 켜자."

"좋아, 좋아! 나도 해 보고 싶어!"

아이들이 너도나도 나서자 승민이가 불붙은 성냥개비를 주미에게 건넸습니다. 다음은 은혜가, 그다음은 지영이가, 그다음은 문호가 순서대로 넘겨받았습니다. 끝으로 서연이 손에 성냥개비가 전해질 때였습니다.

"앗 뜨거워!"

놀란 서연이가 성냥개비를 잡은 손을 허공에 휘젓다 탁자에 떨어뜨렸습니다. 그 순간 탁자를 덮은 하얀 종이에 불이 붙었습니다.

"불이야!"

경진이가 놀라 뒤로 물러나다가 물병을 밀치며 탁자에 물이 쏟아졌습니다. 다행히 쏟아진 물에 불이 꺼졌습니다.

"휴, 다행이다."

"정말 큰일날 뻔했어."

아이들은 거실 바닥에 주저앉아 가슴을 쓸어내렸습니다. 너무 놀라 탁자에 흐르는 물을 닦지도 않고 보고만 있었습니다.

아이들은 다시 정신을 가다듬고 정리를 한 다음 식사를 시작했습니다. 맛있는 음식을 먹으니 조금 전 일도 금세 잊히는 것 같았습니다. 아이들은 다시 웃고 떠들었습니다.

"어? 잡채랑 불고기가 다 식었네. 내가 데워 올게."

경진이는 잡채와 불고기를 차례대로 하나씩 전자레인지에 넣고 돌렸습니다. 그러자 도와주겠다며 경진이를 따라 온 태민이가 콘센트를 보더니 마술을 보여 주겠다고 했습니다.

"이 구멍에다가 젓가락이나 포크를 꽂으면 빛이 난다!"

그리고는 들고 있던 포크를 콘센트의 빈 구멍에 넣으려 했습니다.

순간 경진이가 날카로운 목소리로 외쳤습니다.

"안 돼!"

깜짝 놀란 태민이가 포크를 들고 그대로 멈췄습니다.

"너 그게 지금 얼마나 위험한 행동인지 알아? 유치원 애들도 그런 장난은 안 할 거야! 내가 안 봤으면 정말 큰일날 뻔했잖아!"

경진이의 야단에 태민이 얼굴이 빨개졌습니다.

거실에 있던 아이들이 부엌으로 몰려왔습니다.

"왜 그래? 무슨 일이야? 괜찮아?"

"응……."

"태민아, 그러다 감전이 되거나 큰불이 날 수 있어. 정말 위험한 행동이라고."

"알, 알겠어. 난 그런 줄 모르고……."

"자, 다 데워졌으니까 이제 먹자."

경진이가 잡채와 불고기 접시를 건네며 말했습니다.

부엌에서 나오는데 가스 밸브가 열린 상태였습니다. 경진이는 가스 밸브를 잠그며 어른처럼 한숨을 내쉬었습니다.

'휴, 이번 생일은 평생 못 잊을 거야!'

안전이 최고야!

🌱 문제를 잘 보고 알맞은 곳에 스티커를 붙여 보세요.

1 어떤 콘센트를 사용하는 게 좋을까요?

㉮ 무조건 오래 사용하는 게 좋아요.   ㉯ 잠금 버튼이 있는 게 안전해요.

2 콘센트는 어떻게 사용하는 게 안전할까요?

 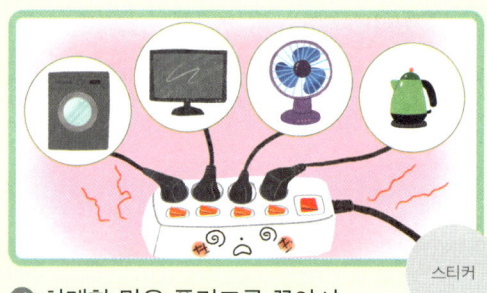

㉮ 한꺼번에 너무 많은 플러그를 꽂지 않아요.   ㉯ 최대한 많은 플러그를 꽂아서 사용해요.

3 가스레인지를 사용할 때 주의할 점은 무엇일까요?

㉮ 사용 후에는 밸브가 꼭 잠겨 있는지 꼭 확인해요.   ㉯ 또 사용할 거니까 그냥 둬도 괜찮아요.

4 부엌에 있는 조리도구는 어떻게 사용하나요?

㉮ 자신 있으면 무엇이든 사용해도 상관없어요.

㉯ 위험한 칼이나 유리 등은 함부로 만지지 않아요.

5 전자레인지나 토스터기는 어떻게 사용해야 할까요?

㉮ 물 묻은 손으로 플러그를 꽂아도 괜찮아요.

㉯ 뜨거워 손이 데이거나 다칠 수 있으니 항상 조심해요.

노경실 선생님의 '부엌과 가전제품 안전' 이야기

전기나 가스는 눈에 보이지 않고 냄새를 느끼기도 어려워서 더 위험할 수 있어요. 전기나 가스 사고는 한번 일어나면 엄청나 피해를 입을 수 있고, 때론 목숨을 잃을 정도로 위험하기 때문에 특별히 더 조심해야 해요. 특히 전기와 관련된 도구나 가전제품 등은 절대로 물기 있는 손으로 만지면 안 돼요. 부엌에서 사용하는 것들은 부모님의 허락을 받고 사용하는 것이 가장 안전하답니다.

정답 ❶ 가 아니 나 ❷ 가 아니 나 ❸ 가 아니 나 ❹ 가 아니 나 ❺ 가 아니 나

욕실과 화장실 안전

바닥이 미끌미끌 뜨거운 물이 콸콸!

숙제를 마친 승민이는 엄마와 함께 집을 짓고 있었습니다. 공책만한 너비, 교과서 길이 정도의 모형 집이지요. 아주 작은 나무 조각들로 집을 짓고 그 안에 정말 사람이 사는 것처럼 예쁜 거실을 꾸미는 것입니다. 그런데 현관문 잠금 열쇠가 풀리는 소리가 나더니, 지민이가 엉엉 울며 뛰어 들어왔습니다. 깜짝 놀란 엄마 눈이 동그랗게 커졌습니다.

"왜 울어? 아니, 옷이 이게 뭐야?"

"엄마, 나는 정태가 미워! 싫어! 으앙!"

지민이는 흙투성이 옷에 얼굴은 땀과 눈물, 먼지로 범벅이

되어 있었습니다.

"정태랑 놀이터에서 또 싸웠니? 우선 목욕부터 해야겠다."

엄마는 지민이를 욕실로 데리고 들어갔습니다.

잠시 뒤, 거실에 놓인 엄마 전화기가 울렸습니다. 승민이가 욕실을 향해 큰 소리로 외쳤습니다.

"엄마! 전화 왔어요!"

"그래, 알았어. 다했어."

그때, 급히 욕실을 나오던 엄마가 바닥에 미끄러지며 엉덩방아를 찧었습니다.

"으악!"

"엄마!"

놀란 승민이와 지민이가 동시에 소리를 질렀습니다.

"으…… 아이고 내 허리……."

엄마가 바닥에 주저앉아 신음소리를 냈습니다.

"엄마, 괜찮아요?"

"응, 괜 괜찮아."

엄마는 간신히 일어나더니 방으로 들어가 옷부터 갈아입었습니다.

그런데 이 와중에도 욕실에서 비누거품으로 장난을 하는 지민이 모습에 승민이는 화가 났습니다.

"야! 엄마가 그 비누거품 때문에 미끄러졌잖아!"

하지만 지민이는 들은 척도 안 하고 계속 비누거품 장난을 쳤습니다.

"형이 말하는데…… 에잇!"

승민이가 바가지로 욕조 물을 퍼서 지민이 머리에 부었습니다. 그러자 지민이도 지지 않고 승민에게 물을 끼얹었습니다.

"하지 마!"

"형이 먼저 했잖아!"

결국 욕실에서 두 아이의 물싸움, 비누거품 싸움이 시작되었습니다.

"그만! 그만해!"

옷을 갈아입고 나온 엄마가 화를 냈습니다.

엄마가 다 씻은 지민이를 데리고 먼저 욕실을 나가자, 옷이 다 젖은 승민이도 목욕을 했습니다.

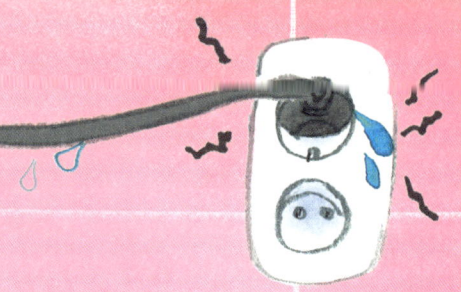

"승민아, 욕실 앞에 갈아입을 옷 놓아둘게."

"네!"

수건으로 몸과 머리카락의 물기를 닦아 낸 승민이의 눈에 헤어드라이기가 들어왔습니다. 머리를 감으면 언제나 엄마가 헤어드라이기로 말려 주는데 오늘은 엄마가 아프니 직접 해야겠다고 생각했습니다.

거울 앞에 선 승민이는 헤어드라이기 전원을 켰습니다. 요란한 소리를 내며 강한 찬바람이 나왔습니다.

"와, 시원해!"

승민이는 욕실 벽이며 바닥에 물기가 잔뜩 있는 것도 잊고 헤어드라이기를 이리저리 움직였습니다. 그런데 갑자기 '찌익, 찌이익!' 하는 소리가 나더니 온몸이 따끔한 바늘에 찔리는 것 같았습니다.

"으악!"

깜짝 놀란 승민이가 소리를 지르며 헤어드라이기를 놓쳤습니다. 콘센트에서 코드가 빠지면서 바닥에 떨어진 헤어드라이

기가 순식간에 산산조각이 났습니다.

"승민아! 무슨 일이야?"

소리를 듣고 놀란 엄마가 달려왔습니다.

엄마의 주의를 듣고서야 승민이는 알게 되었습니다. 물기가 많은 곳에서 전기 제품을 사용하는 것이 아주 위험하다는 것을요. 그때, 만약 헤어드라이기의 플러그가 뽑히지 않은 상태로 물 바닥에 있었다면 어떻게 됐을까요? 승민이는 정말정말 위험한 일이 일어났을지도 모른다는 생각에 두 눈을 질끈 감았습니다.

안전이 최고야!

🌱 문제를 잘 보고 알맞은 곳에 스티커를 붙여 보세요.

1 세면대나 변기에 올라가도 될까요?

㉮ 재미있어서 엄마가 안 볼 때마다 가끔 올라가요.

㉯ 위험하기 때문에 절대 올라가지 않아요.

2 욕실에서 물은 어떻게 사용해요?

㉮ 뜨거운 물은 데이지 않게 조심히 사용해요.

㉯ 뜨거운 물로 장난치면 더 재미있어요.

3 욕실이나 화장실 바닥을 잘 확인하고 사용하나요?

㉮ 바닥에 물기가 있거나 미끄럽지 않은지 항상 확인해요.

㉯ 욕실화만 튼튼하면 미끄러질 일이 전혀 없어요.

4 헤어드라이기를 어디에서 사용하나요?

㉮ 장소랑 상관없이 내 맘대로 사용해요.

㉯ 안전한 곳에서 엄마, 아빠에게 허락받고 사용해요.

5 샴푸 통을 떨어뜨려 바닥에 흘렸을 때 어떻게 할까요?

㉮ 바닥이 미끄럽지 않도록 깨끗이 닦아 내요.

㉯ 아무한테도 말하지 말고 그냥 나오면 돼요.

노경실 선생님의 '욕실과 화장실 안전' 이야기

온 가족이 함께 사용하는 욕실이나 화장실은 용변을 보기도 하지만 뜨거운 물이나 미끄러운 거품을 사용하는 곳이기도 해요. 무심코 흘린 샴푸 한 방울, 아무 생각 없이 떨어뜨린 비누 조각 하나에 큰 사고를 당할 수 있어요. 특히 욕실이나 화장실에서 하는 장난은 더욱 위험해요. 그리고 물과 전기는 절대 가까이 해서는 안 되기 때문에 욕실에서는 가능한 전기 제품을 사용하지 않는 게 좋답니다.

정답 ① 가 지가 / ② 나 지가 / ③ 가 지가 / ④ 나 지가 / ⑤ 가 지가

엘리베이터와 베란다 안전

엘리베이터에서 무슨 일이 일어났을까?

"이게 뭐야?"

학교에 가려고 엘리베이터 앞에 선 은혜는 깜짝 놀랐습니다. 엘리베이터 문에 붙은 안내문 때문입니다.

〈알립니다〉

　　엘리베이터 안에서 몇몇 어린이들이 버튼을 누르며 장난을 쳐 고장이 났습니다. 오늘 오후 2시까지는 안전하게 수리를 완료할 예정입니다. 불편하시더라도 계단을 사용해 주시고, 각 가정마다 자녀들에게 엘리베이터 사용과 안전에 대해 잘 지도해 주시기 바랍니다.

그때, 같은 층에 사는 태민이가 엘리베이터 앞으로 다가왔습니다.

"혹시 이거 네가 장난친 거니?"

은혜가 태민이를 보며 말했습니다.

"나, 아니거든! 아, 계단 정말 싫은데……."

"그래도 다행이야. 학교에서 올 때쯤에는 수리된다잖아."

두 아이는 함께 계단으로 내려갔습니다.

그날, 수업을 마치고 집에 돌아온 은혜는 1층 엘리베이터 앞에서 태민이와 또 마주쳤습니다.

"엘리베이터 다 고쳤나 보다."

은혜가 엘리베이터를 기다리며 말했습니다.

"엘리베이터 안 고쳐졌음 승민이네 가 있으려고 했는데."

태민이가 엘리베이터 문을 거울삼아 앞머리를 쓸어 넘기며 말했습니다.

드디어 엘리베이터 문이 열렸습니다.

"먼저 올라 가."

태민이가 엘리베이터에 탄 은혜를 보고 말했습니다.
"왜? 넌 안 타?"
"응, 난 어디 좀 갔다 갈게."
"그래, 그럼."
은혜가 10층 버튼을 누르고 문이 닫히려는 순간, 태민이가 문 사이로 펄쩍 뛰어들었습니다.
"야! 너 지금 뭐하는 거야?"
놀란 은혜가 소리를 질렀습니다.
"헤헤, 나 정말 날쌔지 않냐?"
태민이는 아무렇지 않게 웃으며 브이를 날렸습니다.
"이러다 엘리베이터 고장 나면 네가 그랬다고 얘기할 거야."
"하하, 이렇게 해도 엘리베이터 고장 안 나. 다시 한번 보여 줄까?"
10층에서 엘리베이터 문이 열리는 순간, 태민이가 후다닥 뛰어내렸습니다.
"으악!"
"에고고고고!"

엘리베이터를 타려던 할머니와 태민이가 부딪히며 할머니가 뒤로 넘어졌습니다.

"할머니! 괜찮으세요?"

은혜가 할머니를 일으켜 세우려 했지만 할머니는 꿈쩍도 하지 못했습니다.

"태민아, 빨리 가서 너희 엄마 모셔 와."

"어? 응, 알았어."

태민이가 울먹거리며 급히 집으로 들어갔습니다.

그날 저녁, 은혜 엄마는 태민이 엄마와 한참 동안 전화 통화를 했습니다.

"엄마, 할머니 괜찮으시대요?"

은혜가 걱정스러운 마음에 물었습니다.

"응, 다행히 뼈가 부러지거나 크게 다치진 않으셨나 봐. 그만하길 천만다행이야."

"휴, 나도 놀랐지만 태민이도 많이 놀란 것 같아요."

"그렇겠지. 태민이가 이번 기회에 많이 배웠을 거야."

"그러니까요. 이제 엘리베이터에서 장난 안 치겠죠."

"은혜야, 너 혹시 네 살 때 일 기억 나? 너도 엘리베이터에서 큰일 날 뻔한 적이 있었어."

"정말요?"

은혜 눈이 동그래졌습니다.

"응, 어느 날 엘리베이터에 네 또래 아이가 인형을 들고 자기 엄마랑 같이 탔는데 그 아이가 5층에서 내리니까 네가 갑자기 내 손을 뿌리치고는 따라 내리려고 한 거야. 아마 그 인형이 갖고 싶었던 것 같아."

"그래서요? 엘리베이터 문이 닫혔어요?"

"아니, 닫히려는 순간 너를 잡았지. 몇 초만 늦었어도…… 지금 생각해도 정말 아찔해."

"전혀 기억이 안 나요."

"그렇겠지. 너무 어릴 때니까. 그거 말고도 엄마가 놀란 적이 한두 번이 아니야. 여섯 살 때는 혼자 베란다 문을 열고 나가서 아래를 물끄러미 보고 있는 걸 보고 깜짝 놀란 적도 있었어."

"엄마 얘길 듣다 보니 내가 말썽쟁이였나 봐요."
"어릴 때는 엄마나 아빠가 신경을 써야 하는 게 당연해. 아기들은 위험한 상황을 잘 모르니까. 하지만 이제 어엿한 초등학생이 됐으니 위험한 행동은 스스로 하지 않아야겠지?"
"당연하죠, 엄마!"
은혜가 엄마 품에 폭 안기며 말했습니다.

안전이 최고야!

🌱 문제를 잘 보고 알맞은 곳에 스티커를 붙여 보세요.

1 엘리베이터는 어떻게 사용해야 할까요?

㉮ 사람들이 먼저 내리면 차례 대로 천천히 타요.

㉯ 무조건 빨리 타고 내리는 게 좋아요.

2 엘리베이터가 갑자기 멈췄을 때는 어떻게 해야 할까요?

㉮ 엘리베이터 문을 발로 마구 차며 큰 소리로 울어요.

㉯ 부모님에게 전화하거나 비상 버튼을 눌러요.

3 엘리베이터 안에선 어떻게 해야 할까요?

 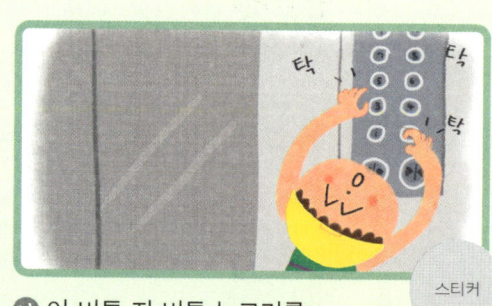

㉮ 엘리베이터 문에 기대지 않고 차분하게 서 있어요.

㉯ 이 버튼 저 버튼 누르기를 하면 재미있어요.

4 베란다에서 밖을 내다보고 싶으면 어떻게 하나요?

가 난간을 밟고 올라가면 더 잘 보이니 좋아요.

나 안전하게 부모님과 함께 보는 건 괜찮아요.

5 베란다에서 놀이를 해도 될까요?

가 베란다 문을 열고 닫기 하며 뛰어다니면 재미있어요.

나 베란다는 위험하니 안전한 곳에서 놀아요.

노경실 선생님의 '엘리베이터와 베란다 안전' 이야기

어린이들에게 엘리베이터와 베란다는 신기하고, 모험심을 자극하는 공간일 수 있어요. 그래서 어린이들은 어른이 없으면 장난을 치거나, 만화 영화의 한 장면을 흉내 내기도 하지요. 하지만 엘리베이터와 베란다는 순식간에 큰 사고가 일어날 수 있는 곳이기에 특별히 주의해야 해요. 한 걸음만 앞으로 잘못 나가거나 발을 헛디뎌도 위험할 수 있기 때문이에요. 특히, 베란다에서 보는 아래의 높이는 실제로는 더 높다는 것을 잊지 말아야 합니다.

정답 ❶ 나 자기 ❷ 나 자기 ❸ 가 자기 ❹ 나 자기 ❺ 나 자기

반려동물과 마트 안전

강아지는 멍멍멍!
카트가 빙그르르!

"운동을 좀 해야겠어. 뱃살이 점점 늘어나네."
아빠가 배를 보며 한숨을 푹 쉬었습니다.
"그럼 앞으로 가족 모두 저녁 먹고 함께 걷기 운동하는 게 어때요?"
엄마가 기다렸다는 듯 방긋 웃으며, 아빠와 문호를 번갈아 바라보았습니다.
"좋아. 그럼 당장 오늘부터 합시다. 문호야, 너도 찬성이지?"
아빠가 문호에게 말했습니다. 문호는 별로 내키지 않았지만 어쩔 수 없이 고개를 끄덕였습니다.

그날 이른 저녁, 문호네 가족은 운동복을 입고 집 근처에 있는 공원으로 향했습니다. 날이 많이 포근해져서 그런지 공원에는 제법 사람이 많았습니다. 주인을 따라 산책 나온 강아지들도 많이 보였습니다. 덩치가 큰 시베리안 허스키부터 품에 안고 다니는 작은 푸들까지 종류도 여러 가지였습니다.

"와, 귀여운 강아지가 많네! 저건 코카 스파니엘! 그 옆은 스피츠!"

어릴 때는 공룡을, 지금은 강아지를 좋아하는 문호입니다. 하지만 엄마가 털 알레르기가 있어 집에서 강아지를 키우지는 못합니다. 문호는 지나가는 강아지들을 보느라 운동은커녕 제대로 걷지도 못했습니다.

"어? 저기 내가 젤 좋아하는 시추다!"

문호는 성큼성큼 시추에게 다가갔습니다. 분홍색 운동복을 입은 주인은 강아지 목줄을 잡고 벤치에 앉아 친구와 이야기를 하고 있었습니다.

문호는 강아지에게 점점 가까이 다가갔습니다. 그리고 강아지 앞에 구부려 앉아 한 손을 내밀었습니다. 그 순간 강아지가

으르렁거리며 문호에게 달려들었습니다.

"멍멍! 크릉크릉!"

"아얏, 엄마야!"

깜짝 놀란 문호가 뒤로 넘어지며 울음을 터뜨렸습니다.

강아지 주인이 줄을 당기며 벌떡 일어났습니다. 하지만 강아지는 문호의 바짓단을 물고 놓지 않았습니다. 강아지 주인이 간신히 강아지와 문호의 바짓단을 떼어 놓고서야 강아지가 진정했습니다. 놀란 문호는 더 큰 소리로 울었습니다.

앞서 가던 엄마와 아빠가 문호의 울음소리를 듣고 달려왔습니다.

"문호야! 괜찮니?"

아빠가 문호의 몸부터 이곳저곳 살폈습니다.

"죄송해요. 벤치에서 얘기를 하느라 아이가 다가오는 걸 몰랐어요."

강아지 주인이 고개를 숙이며 사과했습니다.

"안 다쳤으니 다행이에요. 우리 아이가 강아지를 좋아하다보니 겁 없이 다가간 것 같아요. 저희도 아이를 잘 살피지 못

했으니 괜찮습니다."
"아니에요. 저희 강아지가 낯선 사람을 보면 사납게 굴 때가 있더라고요. 앞으로 좀더 조심해서 관리할게요. 많이 놀랐지? 정말 미안해."
강아지 주인이 문호를 보며 다시 한번 사과했습니다.
문호는 마음을 진정시키며 엄마, 아빠와 공원을 걸었습니다.
"문호야, 아무리 귀여운 강아지여도 일단은 조심해야 해. 그리고 다른 사람의 동물이니까 함부로 만지지 않는 마음도 필요하단다."
"네……."
아빠가 문호 손을 꼭 잡아 주었습니다.

돌아오는 토요일은 엄마와 아빠의 결혼기념일입니다. 문호는 비밀 작전을 세웠습니다. 엄마, 아빠 몰래 축하 케이크를 만들기로 한 것입니다. 문호는 이모와 함께 마트에 가서 재료를 사기로 했습니다.

"이모, 카트 내가 밀게."

"정말? 우리 문호 많이 컸네. 카트에 타고 다니더니 이제 카트를 다 밀고."

"헤헤, 나도 이제 초등학생이야."

"문호야, 조심해서 밀어야 해. 힘들면 얘기하고, 알았지?"

"오케이!"

신이 난 문호가 카트를 밀고 앞으로 달려 나갔습니다.

"어어, 문호야 조심하라니까!"

이모가 빠른 걸음으로 뒤쫓아 왔습니다.

"알겠어, 이모. 걱정 마."

사람이 많은 마트에서 카트를 미는 게 쉽지만은 않았지만 문호는 자신만만하게 앞서 갔습니다.

"여긴 사람이 별로 없네."

이모가 물건을 고르는 사이 문호가 카트에 한쪽 발을 올리고 킥보드를 타듯 카트를 밀었습니다. 그때였습니다.

문호의 카트가 옆에서 나오던 다른 카트와 부딪히며 빙그르르 돌았습니다.

"어머! 얘, 여기서 장난치면 어떡하니? 그러다 다친다."

"죄 죄송합니다."

문호는 풀이 죽어 이모에게 다가갔습니다.

"문호야, 그러니까 장난치면 안 된다고 했잖아. 이제 이모가 왜 그랬는지 알겠지?"

문호는 대답 대신 고개를 끄덕였습니다.

장보기를 마친 이모와 문호가 주차장으로 가는 무빙워크에 올랐습니다. 다시 장난기가 살아난 문호가 이모를 보며 말했습니다.

"이모, 나 여기서 뒤로도 갈 수 있는데, 해 볼까?"

"문호야, 아까 이모가 한 말 잊었어?"

"무슨 말?"

"위험한 행동을 하지 말라고 하는 데는 다 이유가 있다고 했잖아. 아까 다칠 뻔한 것 기억나지? 다치기 전에 안 하는 게 좋을까? 다치고 나서 안 하는 게 좋을까?"
"알겠어, 이모. 위험한 행동은 안 할게."
"역시 우리 문호 똑똑해. 자, 빨리 가서 케이크 만들자!"
문호는 이모와 안전하게 무빙워크를 타고 주차장으로 내려갔습니다.

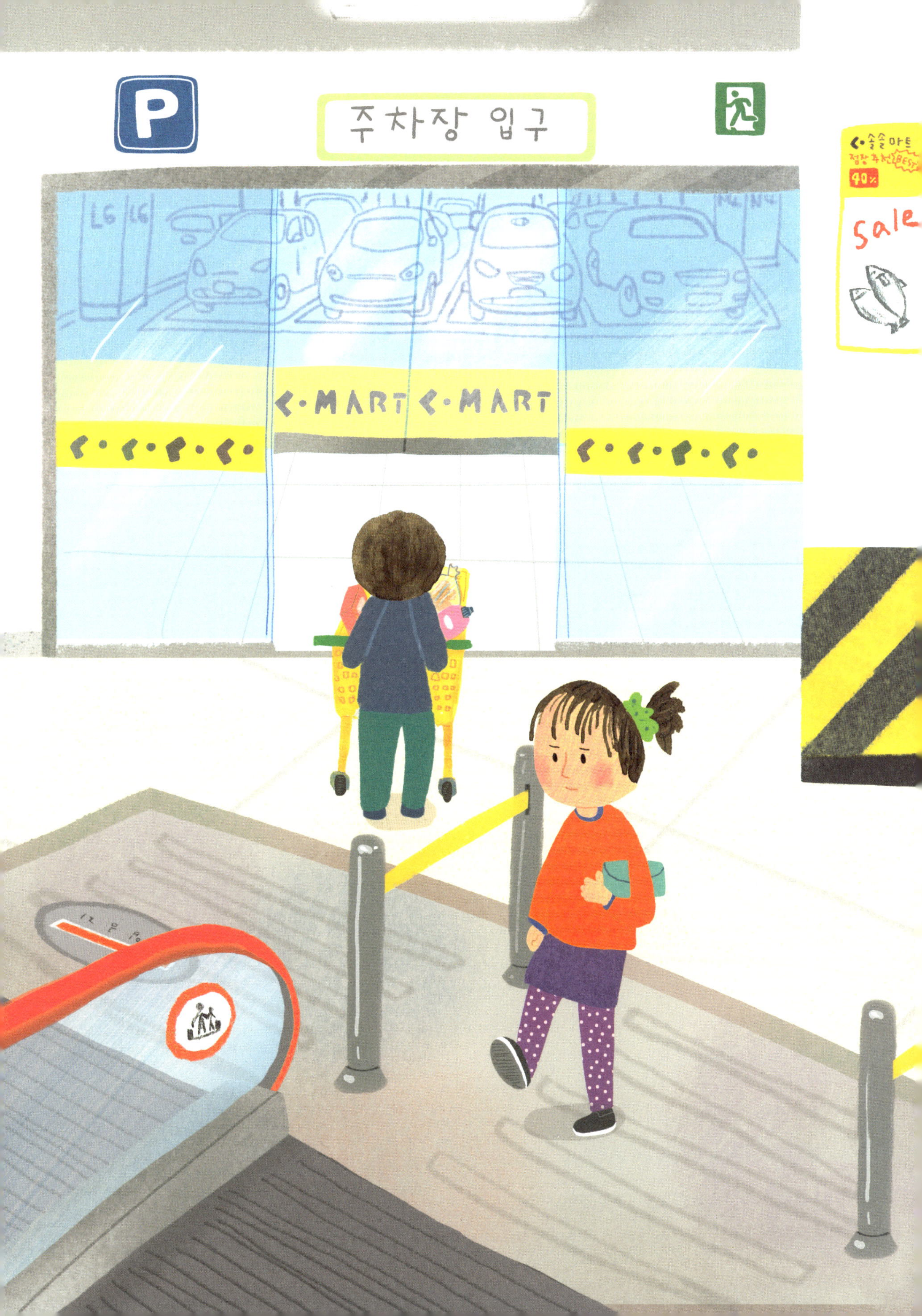
P
주차장 입구
솔솔마트
점장 추천
BEST
40%
sale
MART MART

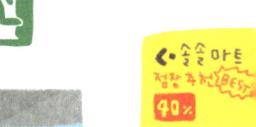

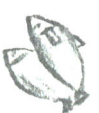

안전이 최고야!

🌱 문제를 잘 보고 알맞은 곳에 스티커를 붙여 보세요.

1 산책하는 반려동물을 만나면 어떻게 해야 할까요?

㉮ 함부로 가까이 다가가지 않고 항상 조심해요.

㉯ 예쁘고 귀여우니까 다가가서 쓰다듬어 주어요.

2 집에서 키우는 반려동물과 어떻게 지내요?

㉮ 반려동물을 안고 밥 먹으면 좋아요.

㉯ 반려동물을 장난감처럼 함부로 하지 않아요.

3 마트에서 원하는 물건이 높이 있을 때는 어떻게 하나요?

㉮ 부모님이나 마트 직원에게 부탁해요.

㉯ 선반을 잡고 올라가 꺼내면 간단해요.

4 마트에서 반가운 친구를 만나면 어떻게 할까요?

㉮ 간단히 인사하고 나중에 만나 놀기로 해요.

㉯ 마트를 뛰어다니며 신나게 놀아요.

5 마트 주차장에서는 어떻게 해야 할까요?

㉮ 주차장은 도로가 아니니까 마음 놓고 뛰어다녀도 되요.

㉯ 차가 많이 다니는 곳이니 항상 좌우를 살피고 조심해요.

노경실 선생님의 '반려동물과 마트 안전' 이야기

반려동물을 집에서 키울 때는 건강과 위생 안전에 신경 쓰고, 반려동물도 가족처럼 보호하고 아껴 주어야 해요. 그리고 밖에서 만나는 반려동물들을 함부로 만지거나 겁 없이 다가가는 것은 위험해요. 사람이 많이 모이는 마트에는 높이 쌓여 있는 수많은 상품들, 쉴 틈 없이 움직이는 카트들, 주차장을 오가는 많은 차들이 있어요. 주변을 살피고 조심하지 않으면 큰 사고로 이어질 수 있답니다.

Safe lifestyle to create a safe future

 These days, why do we live in a more dangerous world despite the new technologies and high-tech products? The biggest reason is the social structure that is so complicated and moving insanely fast. It is really important to create a safe environment. Safety education is essential at home, at school, in the neighborhood, and at work. Among them, it is the most important to keep our own safety.

 Safety is not kept by 'words' or 'thoughts'. 'Knowing the right thing', that is, we need knowledge. Do you remember the proverb, "I see as much as I know, I understand as much as I know?" Even in the case of safety, the situation is the same. As far as we know, we can keep our safety. So it's very dangerous to know roughly. We must have the right safety knowledge through books and education.

 The 'Children's Safety Fairy Tales Series' tells children that keeping my body safe is: first, to protect my life and health, second, the first step in shaping my wonderful future. Also, it gives pleasure to our loved families and friends. I hope this book will be a good and friendly friend and teacher for the children's happy and safe life.